LA TOILETTE

DE

MA FEMME

Comédie-Vaudeville en un acte

PAR

M. ALFRED POURCHEL

REPRÉSENTÉE

Pour la première fois, à Paris, sur le théâtre de la Gaîté, le 25 Mai 1860.

DIRECTION DE M. HARMANT

PARIS

A LA LIBRAIRIE THÉATRALE

14, RUE DE GRAMMONT

—

1860

PERSONNAGES

STANISLAS ROUGET, propriétaire (35 à
    40 ans)............................ MM. Perrin.
FLORESTAN BRISETUILE, négociant
    en vins de Bordeaux (30 ans)........... Gaspard.
LOUISE, femme de Stanislas.............. Mmes Aguillon.
CLOTILDE, femme de Florestan.......... Garrique.
THÉRÈSE, femme de chambre de Louise.. Adolphine.

La scène se passe à Paris.

Les Personnages sont inscrits en tête des scènes d'après leur ordre au théâtre, en commençant par la gauche du spectateur; les changements sont indiqués par des renvois.

Paris. — Typographie Morris et Ce, rue Amelot, 64.

LA TOILETTE DE MA FEMME

Un petit salon élégamment meublé. — Portes à gauche et au fond. — Fenêtre à gauche, premier plan. Cheminée à droite, deuxième plan. — Grand guéridon au milieu du théâtre, table à gauche, secrétaire à droite. — Fauteuils, chaises.

SCÈNE PREMIÈRE

THÉRÈSE *seule, époussetant les meubles,*

C'est égal, monsieur et madame, depuis cette querelle de l'autre jour, n'ont pas l'air de personnes naturelles. Bien sûr il y a une anguille. Car, pourquoi monsieur se promène-t-il en long si souvent dans sa chambre, comme l'ours Martin? Pourquoi a-t-il emporté tout à l'heure le carton où est le nouveau mantelet de madame, lui qui ne porterait pas, d'ordinaire, dans la rue un paquet gros comme mes deux poings? Pourquoi madame regarde-t-elle monsieur d'un air, d'un air... comme s'il était un rébus de l'obélisque?... Je le demanderais bien, si j'osais, à monsieur Florestan Brisetuile, l'ami de monsieur depuis six semaines... En voilà un qui vit gaiement, comme s'il n'était pas marié!

SCÈNE II

STANISLAS, THÉRÈSE.

STANISLAS, *entrant par le fond, sans voir Thérèse.*

Un mantelet huit cents francs!... Je lui donne cent francs par mois pour sa toilette; comment payera-t-elle ce chiffon!...

Huit cents francs! car il n'y a pas à dire : le marchand de nouveautés du coin, que je viens de prendre pour expert, m'a jeté ce chiffre au nez!... Etonnez-vous que tant de femmes du monde, qui commencent par ces folies, finissent par... C'est affreux!... Et penser que la veille encore, je lui reprochais ses gaspillages devant son oncle Porentruy, et qu'il s'est rangé de son côté, à ma grande colère!... N'ai-je pas même été un peu dur pour le bonhomme? Un oncle célibataire, vieux, podagre et riche! Il est sorti furieux, jurant qu'on ne le reverrait plus et qu'il retournerait pour toujours à sa terre d'Olivet... Et voilà que dès le lendemain... Huit cents francs!... (*Il se remet à se promener*). Ah! vous étiez là, Thérèse? (*Il dépose son carton sur un guéridon*).

THÉRÈSE.

Oui, m'sieu.

STANISLAS.

Cette amie de madame Rouget...

THÉRÈSE.

Cette dame arrivée hier au soir de Bordeaux?

STANISLAS.

Elle n'est pas encore venue ce matin?

THÉRÈSE.

Pas encore.

STANISLAS.

Madame est-elle chez elle?

THÉRÈSE.

Oui, m'sieu.

STANISLAS, *à part*.

Elle est fort jolie, l'amie de ma femme, et, si je ne broyais pas du noir et que j'eusse la hardiesse de Florestan, ce coureur immoral...

THÉRÈSE.

Plaît-il, m'sieu?

STANISLAS.

Rien. (*A part.*) Huit cents francs un mantelet!

SCÈNE III

STANISLAS, LOUISE.

LOUISE, *sortant de sa chambre, à gauche.*

Thérèse, vous pouvez entrer dans ma chambre.

(*Thérèse obéit et quitte la scène en emportant le carton*).

Bonjour, mon ami. (*A part.*) Pas de bouquet, le jour de ma fête!

STANISLAS.

Il fait jour chez vous?

LOUISE.

Depuis neuf heures. J'examinais mes factures, mes comptes sont en ordre, et vous n'aurez plus de prétexte pour une scène comme celle de l'autre jour.

STANISLAS, *à part.*

Quel aplomb!

LOUISE.

Chacun, du reste, fait des économies. C'est aujourd'hui la Saint-Louis, et vous n'y avez pas pensé.

STANISLAS.

Il n'est que midi, et je sors de commander mon bouquet (*à part*) chez l'expert marchand de nouveautés. (*Haut.*) Voilà comme on calomnie les maris!

LOUISE.

A la bonne heure! Midi, et Clotilde qui ne vient pas!

STANISLAS.

Ah! votre amie?... Elle n'est pas trop mal.

LOUISE.

Pas trop mal? Dites charmante.

STANISLAS.

Oh! charmante...

LOUISE.

Certainement! Et pourtant elle est affligée d'un mari qui

chassé aux aventures pendant qu'elle s'étiole dans la solitude de sa province.

STANISLAS.

Oh! la solitude de Bordeaux!...

LOUISE.

Pauvre imprudente! Pourquoi ne m'a-t-elle pas écrit, il y a dix-huit mois, avant de prononcer le OUI funeste! Mais pas un mot d'elle, ni alors, ni depuis!... Le mal est fait. Encore une victime livrée au Minotaure!

STANISLAS.

Une pierre dans mon jardin! Vous savez bien, Louise, que je suis un modèle comme homme et comme époux.

LOUISE.

Modestie à part; et vos emportements iniques?

STANISLAS.

Ah! l'histoire de l'oncle Porentruy!

LOUISE.

Et vos sournoiseries?

STANISLAS.

Oh! par exemple!

LOUISE.

Ainsi... quand vous faites un cadeau à votre femme, après l'avoir si durement traitée...

STANISLAS.

Un cadeau?

LOUISE.

Vous vous cachez d'elle, pour n'avoir pas à regretter franchement et tout haut vos mauvaises paroles.

STANISLAS, *à part.*

Je n'y suis pas le moins du monde.

LOUISE.

Mais j'oublie tout. Tu as, du reste, fait preuve d'un goût que je ne te savais pas.

STANISLAS.

Diable m'emporte si je m'y retrouve!... M'expliqueras-tu?...

SCÈNE IV

STANISLAS, CLOTILDE, LOUISE.

CLOTILDE.

Bonjour, mes chers Parisiens! A vous ma première visite en sortant de l'hôtel.

LOUISE.

Bonne Clotilde!... La délicieuse robe!

CLOTILDE.

Mon mari, qui est dans le commerce du vin de Médoc, dit que nous ne sommes pas encore assez riches pour que je m'habille simplement.

STANISLAS.

Vous êtes venue seule à Paris?

CLOTILDE.

Seule? Il y avait dans mon waggon un colonel espagnol, un ténor qui vient débuter à l'Opéra, un commis voyageur et deux officiers de zouaves qui m'ont fait la cour.

STANISLAS.

Bon! et votre mari? Je le plains.

CLOTILDE.

De quoi donc? D'être éloigné de moi? C'est lui qui le veut. Monsieur, sous prétexte de placer son vin lui-même, bien qu'il ait deux voyageurs à ses ordres, court Paris, la Belgique, l'Allemagne, et ne m'écrit pas une ligne. Comme j'aime les fraîches toilettes (oh! bien innocemment!) il me laisse pour cela 300 francs par mois; mais les petits soins, les égards même, tout s'est évanoui avec les dernières lueurs d'une lune de miel qui a brillé moins d'un semestre... A présent, je traîne mon boulet, comme tant d'autres...

STANISLAS, *avec attendrissement.*

Pauvre petite femme!

Air de la *Famille de l'Apothicaire*.

Voilà, certes, un plaisant mari
Qui s'avise d'être infidèle,
Quand il peut garder près de lui
Des grâces le parfait modèle !
Qu'il est coupable, s'il lui faut
Courtiser la blonde et la brune !
Son cœur est donc un artichaut : }
Il donne une feuille à chacune ! } *Bis.*

LOUISE.

Allons ! de la résignation !

CLOTILDE.

La mienne est à bout. Vienne l'occasion, je la saisis aux cheveux : une bonne séparation, je reprends ma dot et m'installe à Paris.

STANISLAS, *à part.*

C'est qu'elle a un minois chiffonné qui me va tout à fait ! (*Haut.*) Je n'ose pas dire que vous aurez tort.

LOUISE.

Quel âge a-t-il ?

CLOTILDE.

Trente ans.

LOUISE.

Il reviendra.

CLOTILDE.

Oui, quand il prendra les invalides. Ah ! si mon mari ressemblait au tien ! Car vous avez l'air heureux comme deux pigeons.

STANISLAS, *à part, regardant Clotilde.*

Il est clair que je ne lui déplais pas.

SCÈNE V

Les Mêmes, THÉRÈSE.

THÉRÈSE, *portant un carton qu'elle dépose sur le guéridon.*)
Un carton pour madame.

STANISLAS, *à part.*

Hon !

LOUISE.

De la part de qui ?

THÉRÈSE.

C'est un commissionnaire qui l'a remis au concierge.

LOUISE.

Noué avec un ruban pensée, ma couleur favorite... C'est un cadeau !

CLOTILDE, *s'approchant.*

Un cadeau ?

LOUISE.

Et cette fois, l'auteur ne peut plus garder l'anonyme... Allons, bourru galant, apporte-moi tes bonnes joues.

STANISLAS.

Moi ? mes joues ?

LOUISE.

Ne fais donc plus de ces cachotteries d'enfant.

STANISLAS, *à part.*

C'est violent !

LOUISE.

Puis-je te garder rancune quand tu m'offres, dans la même semaine, un ravissant mantelet et, pour ma fête, ce châle de sultane ? Venez, que je vous remercie, monsieur.

CTOTILDE, *examinant le châle sans le déployer tout à fait.*

Les jolies nuances !...

STANISLAS, *à part.* *

Oui, on m'en fait voir de toutes les couleurs !...

CLOTILDE.

Vraiment, monsieur Rouget, vous poussez loin le dédain des plus doux remercîments ! Jouissez mieux de la joie de votre femme...

* Clotilde, Louise, Stanisla.

STANISLAS.

C'est que... ce châle... je ne dis pas... Oui, il ne me paraît pas trop laid?

CLOTILDE.

L'auriez-vous acheté les yeux fermés?

STANISLAS.

Oh! non... je veux dire... (*A part.*) Que veux-je dire? Je sens que je m'ahuris... Qui diable envoie encore ce tissu asiatique à ma femme?

CLOTILDE.

L'avez-vous offert pour qu'on le refusât?

STANISLAS.

Hé! je ne dis pas cela; je...

CLOTILDE.

A la bonne heure.

LOUISE.

Je comprends pourquoi tu dédaignes de m'offrir un simple bouquet. Tiens, voilà ta récompense. (*Elle l'embrasse sur les deux joues.*)

STANISLAS, *à part.*

Gare l'apoplexie!

CLOTILDE.

Les maris sont des êtres bien bizarres !... Oh! pourquoi le mien ne voit-il pas ce touchant tableau! Mais quand je gémirai!... A tantôt.

LOUISE.

Où vas-tu donc?

CLOTILDE.

Une petite emplette à faire, et je reviens. Nous sortirons ensemble dans une heure ou deux, si tu veux, et tu étrenneras ton beau châle de la Saint-Louis.

LOUISE.

Si j'allais tout de suite avec toi?...

CLOTILDE.

Non pas; je viendrai te prendre. Au revoir, tourtereaux! (*Elle sort.*)

SCÈNE VI

LOUISE, STANISLAS.

STANISLAS, *à part.*

Tourtereaux! un mot bien trouvé! (*Haut.*) Me donnerez-vous enfin la clef de cette plaisanterie!

LOUISE.

Quelle plaisanterie ?

STANISLAS.

Hé! ce châle, donné par... je ne sais qui.

LOUISE.

Ce n'est pas par toi? Allons donc! tu viens d'avouer ..

STANISLAS.

Parbleu! devant un tiers, ne fallait-il pas déguiser ma stupeur? A présent, j'étouffe à mon aise. (*Il défait quelques boutons de son gilet et se promène avec agitation.*) Tout à l'heure je jouais la comédie, pour votre honneur... et pour le mien...

LOUISE.

Mon honneur!... la comédie!... mon pauvre ami (*lui posant deux doigts sur le front*), n'êtes-vous pas un peu...?

STANISLAS.

Un peu? dites beaucoup. Vous faut-il les points sur les *i*? Ce mantelet, de huit cents francs, j'ignore qui vous l'a envoyé. Ce châle, que je ferai estimer comme le mantelet, je le vois pour la première fois. Est-ce clair, ça, madame Rouget? Ces cadeaux vous viennent d'un autre! Mais, quel est-il cet autre? V ilà la question qui fait que je suis assis, depuis un quart d'heure, depuis plusieurs jours, sur un paratonnerre!

LOUISE.

Tenez, vous déraisonnez, c'est votre seule excuse.

STANISLAS.

Ce n'est toujours pas le Schah de Perse qui vous envoie ça.

AIR d'Aristippe.

Quoi, vous voulez qu'on ait l'âme contente
Quand un galant, pour servir ses amours,
Ose, chez moi, la chose est trop patente,
Vous adresser de superbes atours?
Eh! dira-t-on, ça se voit tous les jours.
Oui, mais un traître, envoyant d'aventure
Châle et mantille à la femme d'autrui,
A toujours soin d'y joindre une coiffure
Que d'ordinaire il destine au mari ;
Le polisson veut coiffer le mari.

LOUISE.

Quand un homme a de pareils soupçons, il mérite. .

STANISLAS.

Quoi donc?

LOUISE.

Qu'on les justifie.

STANISLAS.

En Turquie, pour de tels principes, vous piqueriez une tête dans le Bosphore, cousue dans un sac, comme Monte-Cristo.

LOUISE.

Nous ne sommes pas en Turquie, et si je finis par me venger de vos suppositions, je n'irai pas jusqu'à Constantinople.

STANISLAS.

Eh bien, moi, qui ménageais les apparences, je ferai du bruit...

LOUISE.

Vous perdez la tête!

STANISLAS.

Je sommerai, s'il le faut, dans les feuilles publiques, le lâche anonyme qui.... Bon! j'entends Florestan; un ami, celui-là.

LOUISE.

Que vous connaissez depuis six semaines.

STANISLAS.

Qu'importe? il est mon homme, et c'est à lui le premier que
je confierai...

LOUISE.

Que vous vous croyez... ridicule? Ah! ah! ah! la belle
confidence! (*Elle va prendre son ouvrage.*)

SCÈNE VII

LES MÊMES, FLORESTAN.

FLORESTAN. *

Bonjour, cher.

STANISLAS.

Bonjour, Florestan. (*Bas.*) Nous ne sommes pas seuls.

FLORESTAN, *apercevant Louise.*

Ah! fort bien! (*Il salue Louise, qui ne se retourne pas.*)
Madame!

STANISLAS, *bas à Florestan.*

Vous avez voyagé, depuis cinq jours?

FLORESTAN, *de même.*

Pardieu! Je suis allé à Spa avec Coralie. Le troisième jour
ma bourse était à sec. A peine de quoi revenir seul. Ce soir,
je mène la petite Estelle au ballet de l'Opéra. Avez-vous un
billet de cinq cents?

STANISLAS, *de même.*

Tout de suite.

FLORESTAN, *de même.*

Pour vingt-quatre heures. J'attends des fonds. (*Haut.*) Ah!
Stanislas, j'envie quelquefois votre bonheur calme et limpide.

STANISLAS.

Parlons-en! Voilà de l'à-propos.

* Louise, *assise;* Stanislas, Florestan.

FLORESTAN.

Qu'est-ce donc?

STANISLAS.

Brisetuile, j'ai à vous consulter.

FLORESTAN.

Parlez, mon bon. (*Saluant Louise.*) Madame!... (*A part.*) Elle est bien mieux qu'Estelle; cent fois mieux.

LOUISE, *bas à son mari.*

Ce que vous allez faire est d'un révoltant!...

STANISLAS.

Florestan, vous êtes marié?

FLORESTAN.

Oh! bien peu!

STANISLAS.

Vous qui êtes à cheval sur les principes, que diriez-vous si votre femme...

FLORESTAN.

Si ma femme?...

STANISLAS.

Recevait des cadeaux?

FLORESTAN.

De qui?

STANISLAS.

Anonymes.

LOUISE, *à Florestan, avec ironie.*

Monsieur, il s'agit de moi, accordez-moi les circonstances atténuantes.

FLORESTAN.

Ah çà, mon cher, qu'est-ce que vous me chantez là? Vous connaissez tous ceux qui vous approchent, que diable!

STANISLAS.

Eh! nous autres maris, nous sommes entourés d'ennemis subtils; chacun de nous défend tant bien que mal sa tour Malakoff, mais elle finit souvent par être prise.

LOUISE.

Tenez, vous êtes fou!...

STANISLAS.

Je ne prétends pas... non, certainement... et néanmoins, ces présents, un mantelet l'autre jour, un cachemire aujourd'hui.... cela m'exaspère. Et ne jugez-vous pas, Florestan, qu'il est urgent que je trouve ce criminel, que je lui jette au visage ces abominables cadeaux, et que je lui donne un grand coup d'épée,.... ou que j'en reçoive un?

FLORESTAN.

Oh! certainement; mais d'abord, comment le trouver, ce coupable, inconnu de vous, et de madame, à coup sûr?

LOUISE, *se levant.*

Messieurs, si ce n'est plus moi qui suis sur la sellette, je puis me retirer, et j'en profite. J'ai bien l'honneur... (*Fausse sortie.*)

STANISLAS.

Non, restez, c'est moi qui sors. (*A part à Florestan:*) Faites-la causer adroitement. Ce n'est pas que je la soupçonne, au moins! (*Haut.*) Je vais prendre l'air, car je ne suis pas dans mon assiette.

FLORESTAN, *rappelant Stanislas.*

Hé! Stanislas, les cinq cents francs? Vous savez... cette échéance....

STANISLAS.

Oh! sacré. (*Il donne à Florestan un billet de banque.*)

FLORESTAN.

Je vous les rends demain.

STANISLAS.

Quand vous voudrez, mon très-cher. A tantôt.

FLORESTAN, *bas à Stanislas.*

Ce mystère s'éclaircira sans doute. Tranquillisez-vous.

STANISLAS,

Oh! c'est que, sur certain sujet, je ne suis pas commode, moi... Et si, par malheur, j'étais sûr de mon affaire... (*il met son chapeau de travers)* ça ferait du bruit, au Palais. *(Il sort après avoir serré la main de Florestan et en jetant un regard inquisiteur sur Louise, qui s'est remise à travailler.)*

SCÈNE VIII

LOUISE, FLORESTAN.

LOUISE.

Eh bien! monsieur Brisetuile, vous voilà tête à tête avec l'accusée.

FLORESTAN.

Hélas! madame, s'il y a un coupable, ce n'est pas vous; je le sais mieux que personne.

LOUISE.

Pas mieux que moi.

FLORESTAN.

Avez-vous lu *Marino Faliero*, madame?

LOUISE.

Qu'y a-t-il de commun entre ce doge et moi?

FLORESTAN.

Oh! rien; c'est moi que je compare à Faliero; et comme lui, mais d'une autre façon, je perdrai la tête.

LOUISE.

Je ne la demande pas.

FLORESTAN.

Mais votre mari pourra, lui, me la demander, quand il saura tout.

LOUISE.

Quand il saura tout?

FLORESTAN.

Rouget m'a fait juge d'un prétendu crime et voudrait m'obliger (excusez mon trouble) à prononcer une sentence qui tomberait sur moi-même.

LOUISE, *se levant.*

Quoi! c'est vous, vous, monsieur, qui, sans vous nommer...

FLORESTAN.

Ah! je ne me serais jamais révélé sans cet incident.

LOUISE.

Mais, monsieur, je suis mariée; vous aussi!

FLORESTAN.

Accablez-moi!... mais que vous dirai-je? En pensant à vous, j'avais comme un volcan dans la poitrine.

AIR : *Aux temps heureux de la chevalerie.*

Ces yeux si doux, ces traits, je les adore ;
Peut-on vous voir et demeurer glacé ?
Je ne dors plus, la fièvre me dévore ;
Repoussez-moi, je deviens insensé !
Non, mon serment ne fut point un mensonge :
Devant le maire alors que j'ai juré,
C'est vous, c'est vous que je voyais en songe,
Et ce serment, à vous, je le tiendrai.

LOUISE.

Monsieur!...

FLORESTAN.

Et puis Stanislas agit si mal à votre égard... ses soupçons, ses reproches...

LOUISE.

Assez, monsieur. J'ai cru que ces présents me venaient de mon mari, je ne puis les accepter d'un autre, et vous sentirez ce qui vous reste à faire.

FLORESTAN.

Mourir de désespoir si je vous ai déplu.

LOUISE.

On ne meurt pas pour si peu. Retirez-vous, et je me tais. Tenez-vous à ce que mon mari connaisse votre escapade?

FLORESTAN.

Vous voulez donc du sang, madame?

2.

LOUISE.

Dieu m'en garde! Inventez un prétexte pour cesser vos visites. A ce prix, mon silence vous est acquis.

FLORESTAN.

Ce que vous exigez...

LOUISE.

Est indispensable. Monsieur, je désire être seule. (*Elle le salue.*)

FLORESTAN, *à part en se retirant.*

Voilà le geai dépouillé de ses plumes d'emprunt. La sotte idée que j'ai eue là! Congédié!... Bah! le second mouvement sera peut-être meilleur. Je reviendrai. (*Il salue d'un air désespéré et sort.*)

SCÈNE IX

LOUISE. (*Elle éclate de rire.*)

Ah! l'excellente figure! Je ris, quand je devrais être courroucée! Qui l'aurait cru?... C'est lui qui m'a brouillée avec Stanislas! me prendre pour une lionne pauvre!... Et madame Brisetuile qui pleure peut-être en ce moment son absence, en lui brodant des pantoufles! Le fat! il prendra ma discrétion pour un encouragement... Voilà notre sort : nous nous taisons, on espère; nous dénonçons, c'est une tragédie, ou tout au moins un scandale!

SCÈNE X

CLOTILDE, LOUISE.

CLOTILDE.

Ah! Louise, quelle apparition!

LOUISE.

Connais-tu, à Bordeaux, un riche négociant en vins nommé Brisetuile?

CLOTILDE.

Mon mari... que je viens de heurter presque dans l'escalier; sous ce voile il ne m'a pas reconnue. Est-ce qu'il sort d'ici?

LOUISE.

Eh oui! quelle rencontre bizarre! C'est l'ami de la maison depuis cinq ou six semaines, une connaissance du cercle.

CLOTILDE.

Et depuis quand à Paris?

LOUISE.

Il voyage, il revient, il flâne.

CLOTILDE.

D'après sa dernière lettre à ses bureaux, il partait pour l'Allemagne; pour affaires, bien entendu.

LOUISE.

Ses affaires lui ont permis tout à l'heure de m'adresser une déclaration à bout portant.

CLOTILDE.

Lui! à toi?

LOUISE.

A moi. Et ces présents, dont je remerciais naïvement Stanislas devant toi, c'est lui, ton mari, qui me les a faits!

CLOTILDE.

Sais-tu qu'il y a là de quoi plaider?

LOUISE.

Y penses-tu? mon nom dans tout cela!...

CLOTILDE.

Oh! pardon, chère amie, je n'y songeais pas.

LOUISE.

Mon mari doit savoir ses fredaines, il te les dira.

CLOTIDE.

Oui, si tu l'y pousses en lui dénonçant Florestan.

LOUISE.

Du bruit, un duel !

CLOTILDE.

Mon mari ne se bat pas.

LOUISE.

Mieux vaut le consigner à ma porte. Tais-toi là-dessus. Voici Stanislas.

CLOTILDE, *se parlant.*

Ah ! monsieur Brisetuile !...

SCÈNE XI

CLOTILDE, STANISLAS, LOUISE.

STANISLAS, *à Louise.*

Vous avez mis en fuite mon ami Florestan, noble nature, âme d'élite ; sans doute parce qu'il vous aura fait mon éloge.

LOUISE.

Tu entends, Clotilde ? Eh bien, les neuf dixièmes des maris sont taillés sur ce patron-là.

STANISLAS.

Je l'ai rencontré à cent pas d'ici, et j'ai deviné tout de suite, à son air, qu'il avait été rudoyé, le pauvre garçon.

LOUISE.

Quelle perspicacité !

STANISLAS.

C'est tout simple, il est mon meilleur ami ; mais je lui ai fait promettre de revenir tout à l'heure. (*A part.*) Me donner des conseils à l'égard de Clotilde.

LOUISE.

Et il vous l'a promis ?

STANISLAS.

Sans doute.

CLOTILDE.

Monsieur Brisetuile?

STANISLAS.

Vous le connaissez?

CLOTILDE.

C'est un de mes compatriotes. Je connais mieux sa femme, qu'il délaisse pour mener à Paris une vie dissolue.

STANISLAS.

Ah! il profiterait donc bien peu de mes avis! Mais, peut-être sa femme, de son côté....

CLOTILDE.

Inattaquable, monsieur Rouget.

STANISLAS.

Mais.... si c'est un singe?

CLOTILDE.

Un singe!... comme moi.

STANISLAS.

Oh! si elle vous ressemble, Florestan mérite tous les sup-plices.

CLOTILDE.

Ah! ah! Vous avouez donc qu'il la trahit?

STANISLAS.

Je n'ai pas dit ça! mais....

SCÈNE XII

Les **mêmes**, THÉRÈSE, *apportant une petite boîte qu'elle donne à Louise.*

THÉRÈSE.

Une petite boîte pour madame.

STANISLAS, *stupéfait.* *

Encore!

LOUISE, *tirant de la boîte une bague.*

Le joli rubis!.... et la fine ciselure! (*Elle se met la bague au doigt.*) Elle me va parfaitement. Est-ce bien pour moi, Thérèse?

STANISLAS.

De quelle part?

THÉRÈSE.

On ne l'a pas dit.

STANISLAS, *à part.*

C'est une persécution!... J'ai très-grand froid dans le dos! (*Haut.*) Thérèse, un verre d'eau sucrée...

THÉRÈSE.

Avec de la fleur d'oranger?

STANISLAS.

Non, avec du rhum. (*Thérèse sort.*)

CLOTILDE.

La fleur d'oranger est un calmant.

STANISLAS.

Oui, mais j'aime mieux le rhum.

LOUISE.

Qu'as-tu donc?

STANISLAS, *à Louise.*

Vous n'avez plus le droit de me tutoyer.

LOUISE.

Encore vos papillons noirs.

THÉRÈSE, *rentrant et présentant le verre plein à Stanislas.*

Voilà, monsieur.

STANISLAS.

C'est bien. (*Il lui fait signe de sortir.*)

* Stanislas, Clotilde, Louise; Thérèse *au deuxième plan.*

THÉRÈSE, *à part, en s'en allant.*

Bien sûr... il y a une anguille!

SCÈNE XIII

Les Mêmes, *moins* THÉRÈSE.

STANISLAS, *regardant son verre.*

Une anguille dans mon verre!... (*A Louise.*) Mille compli-
ments, madame : dans la même journée, un cachemire... un
rubis... une anguille....

CLOTILDE.

Ah ! monsieur Rouget....

STANISLAS, *continuant.*

Pour faire suite au mantelet, et il n'est que deux heures!
J'aurai vidé la coupe d'amertume jusqu'à la lie. (*Il vide son
verre.*)

CLOTILDE, *à Stanislas.*

Rassurez-vous; on m'a heureusement rappelé ici, ce matin,
que c'était la fête de Louise, et ce petit gage d'amitié lui est
offert par moi. (*Elle embrasse Louise.*)

STANISLAS.

Par vous, madame? Vous êtes une amie...

CLOTILDE.

Dévouée à Louise, franche avec tout le monde.

LOUISE.

Bonne Clotilde! Je devrais te gronder bien fort.

STANISLAS, *à part.*

Il y a ici des piéges à loups, ou à maris... Cette petite dame
me plairait davantage si, au lieu d'être dans le camp ennemi,
elle était dans le mien.... Imbécile de Brisetuile, qui n'est
pas là pour m'aider à démêler cet écheveau! (*Il va vers la
fenêtre, qu'il ouvre.*)

LOUISE.

Que dit-il?

STANISLAS.

Ah! le voilà encore sur le trottoir, avec son éternel cigare.
Il regarde par ici. Hum!... Hum! Il m'a vu, il a l'air d'hé-
siter.... Ah! il se décide.

CLOTILDE, *à part, regardant par la fenêtre,
derrière Stanislas.*

Mon mari! (*Bas à Louise.*) Il ne faut pas qu'il me voie encore. (*Haut.*) Louise, je vais écrire un mot dans ta chambre,
et je reviens dans cinq minutes. Ayez donc l'air aimable, mon
cher hôte; il ne vous manque que cela. (*Elle entre à gauche.*)

SCÈNE XIV

LOUISE, STANISLAS.

STANISLAS, *à part.*

Maintenant, dissimulons. (*Haut.*) Cette Girondine commence
à m'agacer les nerfs. N'est-il pas visible qu'elle ne veut pas
être vue par son compatriote, qui la connaît trop, peut-être?

LOUISE.

Que vous êtes fin!

STANISLAS.

Elle m'est suspecte, et je vais lui faire dire par Florestan, à
qui elle n'a peut-être rien à refuser, que je renonce à l'honneur de sa connaissance. (*A part.*) Si ma menace pouvait dé-
cider ma femme à tout me dire!

LOUISE.

Joli projet!

SCÈNE XV

FLORESTAN, STANISLAS, LOUISE.

FLORESTAN, *saluant gravement Louise, qui ne lui
rend pas son salut.*

Madame! (*A part.*) Elle ne lui a rien dit. Bon signe!

STANISLAS, *gravement.*

Florestan, vous m'êtes dévoué?

FLORESTAN.

Comment donc! (*A part*). Comme il dit ça!

STANISLAS.

Vous qui savez faire une déclaration à une femme...

FLORESTAN, *effrayé, à part.*

Ah! mon Dieu!

STANISLAS.

Je vais vous en dicter une, moi, Florestan... (*A part.*) Elle sourit! (*Haut.*) Une déclaration singulière... (*A part.*) Elle ne bronche pas! (*Haut.*) Il y a là une dame... que je vous charge d'inviter, dans un langage fleuri, (*baissant un peu la voix*) à déguerpir au plus vite.

FLORESTAN, *à part.*

Je respire! (*Haut.*) Cette mission...

STANISLAS, *prenant à part Florestan.*

Pure plaisanterie. Je veux effrayer ma femme, dont cette dame que j'aime est l'amie. Petite vengeance que j'exerce tout en faisant le puritain pour déguiser ma passion. Je vous mettrai au courant.

FLORESTAN, *bas à Stanislas.*

Bon.

LOUISE, *à part.*

Que se disent-ils?

STANISLAS, *bas à Florestan.*

Il y a, d'ailleurs, un nouvel incident, une bague : comment savoir qui l'a envoyée? (*Haut.*) Soyez courtois, mais inflexible, Florestan! (*Bas.*) Si ma femme demande grâce pour son amie, laissez-vous fléchir, à la condition d'apprendre quelque chose... chauffez, soyez adroit. (*Haut, en s'en allant*). Courtois, mais inflexible! (*Il sort.*)

SCÈNE XVI.

FLORESTAN, LOUISE.

LOUISE.

Eh bien, monsieur, puisque vous voilà encore malgré ma défense... faites votre devoir. (*A part.*) Le choix est plaisant.

FLORESTAN.

Puis-je accepter, madame, une mission qui doit vous déplaire?

LOUISE.

Me déplaire? non.

FLORESTAN, *à part.*

Eh mais, elle a la voix plus flûtée que lorsqu'elle m'a mis à la porte. (*Haut.*) Dois-je voir, dans ce demi-sourire le présage de mon pardon?

LOUISE, *à part.*

Oh! quelle idée! (*Haut.*) Tenez, monsieur Florestan, laissons le passé et promettez-moi seulement de vous amender... Cette bague, que Thérèse m'a tout à l'heure apportée sans dire de quelle part, a encore aigri ce vilain Stanislas. Vous êtes cause de ce nouvel ennui, et j'ai bien envie de vous en vouloir (*souriant*) mortellement.

FLORESTAN.

Cette bague?... (*A part.*) Ah çà, qui diable lui envoie tous ces présents?

LOUISE.

Faites l'ignorant!

FLORESTAN.

Moi? (*A part.*) Allons... de l'audace! (*Haut.*) De bonne foi, madame, est-ce un crime d'avoir orné cette main blanche et potelée? (*Il lui prend la main, qu'elle retire doucement.*)

LOUISE.

Vous l'avouez donc, méchant homme!

FLORESTAN.

N'avais-je pas à me faire pardonner deux autres méfaits?

LOUISE, *à part, vivement.*

Ah! les autres cadeaux ne viennent donc pas de lui non plus! (*Haut.*) Soyez raisonnable et reprenez avec le reste ce joli bijou que vous m'avez si imprudemment envoyé. Voyons... reprenez-le!

FLORESTAN.

Jamais! jamais! jamais! (*A part.*) Pauvre Stanislas!... Encore un !

LOUISE.

Si vous refusez de m'obéir, au moins rendrez-vous à mon mari le service qu'il attend de vous?

FLORESTAN.

Lequel?

LOUISE.

Cette dame...

FLORESTAN.

La bizarre corvée! J'irais dire à votre amie...

LOUISE.

Mon amie?... Comment puis-je être l'amie de cette femme, que mon mari fait semblant de voir d'un mauvais œil? Si elle venait à l'écouter, une telle intrigue, presque sous mes yeux...

FLORESTAN.

Négliger tant de grâce et tant de beauté pour une femme qui ne vaut pas votre petit doigt, je gage!

LOUISE.

Hélas! détrompez-vous, elle est jolie, et c'est ce qui m'irrite.

FLORESTAN.

Vous irriter? A quoi bon? A Stanislas la peine du talion.... Soyez sans pitié. J'ai là-dessus des idées fort arrêtées. Vous savez le proverbe: Dent pour dent.

LOUISE.

Frappez, elle est là.

FLORESTAN.

Dame! c'est embarrassant....

LOUISE.

Rien de plus simple, au contraire ; frappez.

FLORESTAN.

Soit. (*Il frappe.*) On n'ouvre pas.

LOUISE.

Eh bien ! ouvrez vous-même.

FLORESTAN, *aprés avoir poussé la porte.*

Personne !

LOUISE, *à part, aprés avoir regardé.* *

Ah! mon Dieu! Sortie par le couloir du cabinet! Elle n'a donc pas compris! Me laisser seule avec lui!

FLORESTAN, *à part.*

Elle le savait; c'est de la haute comédie. (*Haut.*) Vous êtes fâchée de ce que je puis vous exprimer librement, sans témoin....

LOUISE, *avec anxiété.*

Partie! c'est incroyable.

FLORESTAN.

L'émotion que...

LOUISE, *plus inquiéte.*

De grâce !...

FLORESTAN.

Me réduirez-vous au désespoir? (*Entre Thérése.*)

THÉRÉSE.

Une facture pour monsieur Brisetuile.

LOUISE.

Ah! il était temps!

FLORESTAN.

Aux cinq cents diables la camériste!

* Louise, Florestan.

SCÈNE XVII

LOUISE, FLORESTAN, THÉRÈSE.

FLORESTAN, *prenant le papier.*

Qu'est-ce que cela? «Une bague avec rubis, cinq cents francs.»

LOUISE, *à part.*

Ah! j'y suis maintenant! L'excellent tour!

FLORESTAN.

Ce n'est pas pour moi!

LOUISE, *d'un air étonné.*

Que signifie alors...?

FLORESTAN.

Pardon, je me trompe... oui, c'est pour moi: «Cinq cents francs (juste le prêt de Stanislas!). Une bague avec rubis.... pour acquit.... » (*A part.*) Est-ce que ma cervelle déménagerait?

LOUISE, *sévèrement.*

Comment! Vous avez dit qu'on vînt toucher cette facture chez moi?

FLORESTAN.

Certainement!.., c'est-à-dire, certainement non.

LOUISE.

Je suis désolée que vous ayez acheté ce bijou; et sachant maintenant le prix de cette petite bagatelle, je ne puis....

FLORESTAN.

Comment donc! mais... trop heureux, ma parole!

LOUISE.

Cependant, vous semblez mal à l'aise. Un verre d'eau...

FLORESTAN.

Mille fois merci, je suis très-bien.... très-bien tout à fait.... (*A part.*) Il me semble que je viens de choir du haut de la colonne Vendôme!

THÉRÈSE.

Monsieur va-t-il payer tout de suite?

LOUISE.

Vous n'avez peut-être plus les cinq cents francs que mon mari vous a remis tout à l'heure?

FLORESTAN.

Pardon, je les ai là... (*Il les remet à Thérèse.*)

THÉRÈSE.

Merci, monsieur. (*Elle sort.*)

SCÈNE XVIII

LOUISE, FLORESTAN.

FLORESTAN, *à part.*

Ma partie de ce soir avec Estelle. (*Haut.*) Comme cela s'est trouvé! Tout juste ces cinq cents francs!

LOUISE.

Vous ne saviez donc pas le prix de ce rubis après l'avoir acheté?

FLORESTAN.

Ma foi, je... je l'avais oublié.

LOUISE.

Étourdi que vous êtes!

FLORESTAN, *à part.*

Je ne me sens plus du tout amoureux : oh! mais plus du tout. Si je m'en allais?... (*Se tournant vers la porte du fond, qui s'entr'ouvre.*) Ah! mon Dieu! voilà peut-être les deux autres factures qui m'arrivent!

SCÈNE XIX

LOUISE, CLOTILDE, FLORESTAN.

FLORESTAN, *à part.*

Ma femme! quelle tuile!...

LOUISE, *la présentant.*

Clotilde, une de mes amies.

CLOTILDE.

Tu connais donc mon mari, Louise?

LOUISE.

Monsieur est l'ami de la maison.

FLORESTAN, *à Clotilde.*

Pourquoi êtes-vous à Paris?

CLOTILDE.

La loi m'oblige à suivre mon époux.

FLORESTAN.

Pas quand je voyage pour mes affaires.

CLOTILDE.

Moi je voyage pour mon instruction, et bien m'en a pris : j'ai tout entendu, et c'est un bel échantillon de la vie que tu mènes !

FLORESTAN.

De quoi vous plaignez-vous? N'avez-vous pas pour votre toilette tout l'argent nécessaire?

CLOTILDE.

Belle compensation! suffit-il de parer la victime pour l'empêcher de crier? Mais je ne serai plus votre dupe, et monsieur Rouget, que j'entends, saura tout.

LOUISE.

Clotilde!

CLOTILDE.

Je n'écoute plus rien!

SCÈNE XX

LES MÊMES, STANISLAS.

CLOTILDE. *

Monsieur Rouget, je vous présente mon mari.

* Louise, Clotilde, Stanislas, Florestan.

STANISLAS.

Lui?... Ah! mon Dieu!

CLOTILDE.

Oui, monsieur Brisetuile, qui vient de payer le rubis que j'avais offert à Louise, en se donnant pour l'auteur du cadeau, sans se douter qu'il venait de moi! Mon mari, qui décochait tout à l'heure une déclaration à votre femme!

FLORESTAN.

Mais elle est enragée!

STANISLAS.

Comment, Florestan, Coralie ne vous suffisait pas, ni Estelle Catalpa, qui vous attend?

CLOTILDE.

Comment!

STANISLAS.

Je ne vous propose pas le pistolet, je coupe un cheveu à cinquante pas.

FLORESTAN.

Merci... j'ai mon coiffeur.

STANISLAS.

Mais l'épée...

FLORESTAN.

Oh! l'épée, impossible : j'ai atteint d'un coup de pointe dans le flanc le premier tireur de Bordeaux. Sa montre, que j'ai brisée, a sauvé mon drôle; mais il est tombé... sans mouvement.

STANISLAS.

Je ris de vos gasconnades, et vous vous battrez. Je ne vois pas bien clair dans cette histoire de rubis; mais ce qui est visible pour moi, c'est que monsieur Brisetuile, se disant mon ami, a ténébreusement envoyé des cadeaux à ma femme, et qu'il en est convenu, parlant à sa personne.

FLORESTAN.

Soyons francs tous les deux, et rappelez-vous vos confidences, mon cher; je n'ai pas plus songé à votre femme que vous n'avez pensé à la mienne; entendez-vous : à la mienne?

STANISLAS, *à part.*

Aie!... (*Haut.*) Au fait, si tout cela est un malentendu, n'en parlons plus, et donnez-moi la main. (*Il lui prend la main.*)

FLORESTAN.

Je ne sais si je dois...

CLOTILDE.

Moi, je ne suis pas si débonnaire, et je vais demander ma séparation. (*Elle prend une plume et du papier sur le guéridon.*)

FLORESTAN.

Moi aussi. (*Il va près du guéridon.*)

STANISLAS.

Et moi, si on ne me livre pas sur-le-champ le nom du godelureau qui s'occupe de la toilette de ma femme...

LOUISE.

Assez, monsieur; cette persistance dans un vil soupçon m'impose un devoir nécessaire, et j'agirai comme Clotilde. (*Elle va prendre une chaise à gauche et la porte vers le guéridon.*)

STANISLAS, *prenant une plume et du papier sur le guéridon.*

Comme vous voudrez. Partie carrée!

CLOTILDE, LOUISE, FLORESTAN et STANISLAS, *l'un après l'autre et en s'asseyant, après avoir posé bruyamment leurs siéges.* Va donc pour une séparation!

STANISLAS, *écrivant au secrétaire.*

« A maître Charançon, avoué. — La conduite énigmatique » et tortueuse de ma femme... »

LOUISE, *écrivant sur le guéridon du milieu.*

Moi, je choisis maître Frolichard, un de mes danseurs : — « Cher monsieur, mon mari, sous le coup d'hallucinations » qui vont exiger un énergique traitement...»

FLORESTAN.

Je prends votre avoué, cher ami. (*Écrivant sur le guéridon du milieu :*) « Méconnu dans ma dignité d'homme et dans » mon autorité d'époux...»

CLOTILDE, *écrivant sur la table à gauche.*

« Monsieur le procureur impérial... »

STANISLAS, *terminant sa lettre.*

» Me conduirait au suicide... » Je n'ai plus d'encre. (*Il se lève, va au guéridon, et se rencontre avec Clotilde, qui vient aussi tremper sa plume dans l'encrier; ils se regardent furieux d'abord, puis s'excusent de s'être trompés et vont continuer leur lettre, après un échange de salutations.*)

LOUISE, *continuant d'écrire.*

« Je vous prie donc de hâter l'heure où je pourrai me soustraire aux effets de cette affligeante folie. »

FLORESTAN, *de même.*

« Et je bénirai l'instant où, par vos soins, j'aurai brisé mes fers. »

STANISLAS.

« Avec lesquels j'ai l'honneur d'être... »

FLORESTAN.

« Recevez, etc. »

CLOTILDE, *de même.*

» Et, ma séparation prononcée, vous aurez encore à purger la société d'un homme dangereux. »

(*Chacun plie sa lettre et y met la suscription. — Tous se lèvent.*) *

LOUISE.

Et maintenant sortons, Clotilde. Et pour prouver à qui de droit que ma conscience est pure comme le cristal de roche, je drape mon honneur dans ce cachemire, la prétendue preuve d'une mystérieuse intrigue.

STANISLAS, *à part.*

Quel cynisme!

LOUISE, *après avoir mis le châle.*

Il me va parfaitement; n'est-ce pas, Clotilde?

* Florestan, Clotilde, Louise, Stanislas.

CLOTILDE.

On ne peut mieux. Mais (*montrant une carte attachée au châle*) enlève donc l'étiquette du marchand.

STANISLAS, *saisissant vivement la carte.* *

Je m'en empare! Que les coupables tremblent! Voilà la pièce capitale de mon dossier!—Ah! mon Dieu! la carte de...

LOUISE.

De mon oncle! A votre place, je rentrerais sous terre.

STANISLAS. **

Ce pauvre oncle, que j'ai traité comme une toupie d'Allemagne! Ah! ma petite Louise, comme je me repens!.... Tiens! (*Il déchire sa lettre en menus morceaux.*)

LOUISE.

Dois-je croire à votre repentir?

STANISLAS.

Oh!....

LOUISE.

Allons, je pardonne. (*Elle déchire sa lettre.*)

FLORESTAN.

Brava! Et moi, Clotilde, je te jure....

CLOTILDE.

Fort bien: mais voilà ton centième serment, Florestan.

FLORESTAN.

Cette fois, c'est sacré.

CLOTILDE.

Soit; mais tu ne sortiras plus seul jusqu'à notre départ pour Bordeaux.

LOUISE.

C'est trop juste... Et nous, mon ami, nous irons à Olivet; car nous devons à notre oncle une visite de remercîments.

STANISLAS.

Et moi, d'excuses; car, en vérité, je l'ai traité un peu...

* Florestan, Clotilde, Stanislas, Louise.
** Florestan, Clotilde, Louise, Stanislas.

THÉRÈSE, *entrant.*

Madame est servie.

STANISLAS.

Bon, mettons-nous à table... Ces émotions conjugales m'ont creusé l'estomac.

STANISLAS, au *Public.*

AIR : *De l'art des vers les amants font usage.* (MAITRESSE AU LOGIS.)

> Messieurs, après tant de tapage,
> Et quand chacun a retrouvé son bien,
> Si vous voulez accepter notre ouvrage,
> Ne dites pas : Beaucoup de bruit pour rien !...
> L'auteur aussi, de son côté, réclame
> Quelque indulgence en vos arrêts,
> Et vous invite à partager les frais   } *Bis,*
> De la toilette de ma femme   } *Ensemble.*

* Florestan, Clotilde, Stanislas, Louise.

FIN.

Paris. — Typ. Morris et Comp., rue Amelot, 64.